CON GRIN SU CONOCIMIENTOS VALEN MAS

- Publicamos su trabajo académico, tesis y tesina

- Su propio eBook y libro - en todos los comercios importantes del mundo

- Cada venta le sale rentable

Ahora suba en www.GRIN.com y publique gratis

Bibliographic information published by the German National Library:

The German National Library lists this publication in the National Bibliography; detailed bibliographic data are available on the Internet at http://dnb.dnb.de .

This book is copyright material and must not be copied, reproduced, transferred, distributed, leased, licensed or publicly performed or used in any way except as specifically permitted in writing by the publishers, as allowed under the terms and conditions under which it was purchased or as strictly permitted by applicable copyright law. Any unauthorized distribution or use of this text may be a direct infringement of the author s and publisher s rights and those responsible may be liable in law accordingly.

Imprint:

Copyright © 2015 GRIN Verlag, Open Publishing GmbH
Print and binding: Books on Demand GmbH, Norderstedt Germany
ISBN: 978-3-668-10229-3

This book at GRIN:

http://www.grin.com/es/e-book/311267/gestion-de-redes-sociales-accion-estrategica-para-la-consolidacion-del

Ina Mariño Muñoz

Gestión de redes sociales: acción estratégica para la consolidación del estado comunal

GRIN Publishing

GRIN - Your knowledge has value

Since its foundation in 1998, GRIN has specialized in publishing academic texts by students, college teachers and other academics as e-book and printed book. The website www.grin.com is an ideal platform for presenting term papers, final papers, scientific essays, dissertations and specialist books.

Visit us on the internet:

http://www.grin.com/

http://www.facebook.com/grincom

http://www.twitter.com/grin_com

GESTIÓN DE REDES SOCIALES: ACCIÓN ESTRATÉGICA PARA LA CONSOLIDACIÓN DEL ESTADO COMUNAL.

Ina Pauleva Mariño Muñoz

RESUMEN

El propósito del presente artículo es enfatizar que en las relaciones humanas son diversas las consideraciones que se plantean en torno a la gestión de redes sociales y su función dentro del contexto organizacional para la satisfacción de necesidades en el ámbito comunitario, visto como una problemática social, puesto que, es a través de estas que es posible instaurar las comunas para garantizar el desarrollo local, tal y como está previsto en la actualidad en el Gobierno Bolivariano de Venezuela. De acuerdo con ello, implica destacar que existe una arraigada tergiversación de términos, funciones y acciones (interpretación errada) por ende, se presume la existencia de una distancia agravante (brecha) entre las situaciones dadas (realidad) y las situaciones deseadas (visión), puesto que, existe carencia en el optimo desenvolvimiento de los individuos que hacen vida en el contexto organizacional situación que merma el hacer idóneo de los servidores públicos, esto visto, en la ausencia de un sistema de ideas que les permita accionar de manera adecuada para dar respuestas certeras, inmediatas, eficaces y eficientes a las comunidades.

Descriptores: gestión de redes sociales, acción estratégica, Estado comunal.

ABSTRACT

The purpose of this article is to emphasize that human relationships are different considerations that arise around the management of social networks and their role within the organizational context for meeting needs at the community level, seen as a social problem, since it is through these that it is possible to establish the communities to ensure local development, as is expected today in the Bolivarian Government of Venezuela. Accordingly, it means to emphasize that there is a strong distortion of terms, functions and actions (misinterpretation) therefore is presumed the existence of an aggravating distance (gap) between the given situation (reality) and the desired situation (vision), since there is lack in the optimal development of individuals that live in the organizational context which undermines the ideal situation to public servants, that seen in the absence of a system of ideas that will allow them to operate properly provide accurate, immediate, effective and efficient responses to communities.

Descriptors: social networking management, strategic action, communal state.

INTRODUCCIÓN

Indagar permite recabar un cumulo de información pertinente para el avance de procesos diversos, ciertos aspectos que orientan este tema desarrollado en un artículo, es producto de la jerarquización de problemas, en virtud de ello, y según evidencias empíricas es posible destacar que en las instituciones públicas ante la práctica gerencial del servidor público es posible destacar que aun mantienen la concepción del funcionario público, con la noción clásica de visualizar desde las perspectivas de los derechos, obviando los deberes y obligaciones que deben asumir para garantizar la acción social en pro del alcance de metas y beneficio del colectivo.

Al respecto, el proceso gerencial muestra actitudes con ausencia de carácter socializador, obviando la función principal que es brindar igualdad de oportunidades, a través de la equidad con base en la planificación, organización y control (procedimientos administrativos), situación que en referencia a la calidad de servicio muestra la carencia de acciones orientadas en la optimización de la disponibilidad de información, el rendimiento en procesos de gestión y por ende, en la efectividad de los sistemas sociales, dado que, el comportamiento de las personas no permite la toma de decisiones, por la inoperante conciencia social que no admite la productividad para el logro de los objetivos.

Por tales motivos, en cuanto a la gestión de redes sociales en la actualidad aun no están dadas las condiciones para garantizar la acción social del colectivo, dada la carencia de reciprocidad, voluntariado y solidaridad de los actores sociales ante el hecho de la participación ciudadana como el verbo que direcciona el alcance de metas. En retrospectiva la mayoría de las organizaciones están en vigencia antes del año 1962, y es a partir del 2008 que con una visión de alcance de metas centrada en el servidor público hacia el empoderamiento y transformación en el dinamismo social, se aspiran vientos de cambio, sin embargo, las situaciones dadas apuntan hacia el peligro de permanencia del accionar bajo premisas inherentes al funcionario público, además de arraigo en alteraciones significativas en debilidades, producto del erróneo funcionamiento, visto desde los procesos gerenciales y a su vez las consecuencias que estos derivan a los técnicos y operativos.

De estos planteamientos, se desprende quizás la carencia de reciprocidad entre servidores públicos y actores sociales que acuden a la organización, por ausencia de cooperación, trabajo en equipo y visión compartida en las gestión de redes sociales (intercomunitario e intracomunitario) para afianzar las Comunas como garantía de desarrollo local. En consonancia con esto, se concibe en perspectiva que las redes sociales no funcionan, en virtud de la carencia de tiempo, necesidad de pautas de inserción (ideas, premisas teóricas) como elemento que conspira en contra del trabajo articulado. La organización proyectará en su hacer articuladamente en el discurso y accionar en pro del beneficio de los actores sociales garantizando pautas descritas (ideas) que permitan que generen la gestión de redes sociales en el contexto de las comunas para garantizar el desarrollo local.

Además que, en las organizaciones no son una prioridad, visto que, existen lineamientos pero no son implementados por ausencia de interés en la proyección de las políticas a nivel local, puesto que, la garantía de prioridad para el establecimiento de ideas que permitan la proyección de las políticas, planes y programas, no evolucionan, por el déficit de acuerdos dentro de las organizaciones para el trabajo en equipo con los medios (redes), por carencia de documentos específicos, de allí, la necesidad de la capacidad de incidir y establecer premisas de inserción que garanticen el desarrollo local.

ABORDAJE TEÓRICO

La construcción teórica se orienta en visionar la consolidación de las interacciones cooperativas en la Gestión de Redes Sociales, partiendo de la dinámica en el accionar social que permitirá la formación de competencias gerenciales en el contexto de las Comunas como garantía para el desarrollo local. Al respecto, el hilo conductor teóricamente esta enfocado en la concepción de la gerencia de Drucker (1988), dado que, plantea de manera puntual que:

> Las relaciones humanas también carecen de una base adecuada con respecto al trabajo. Los motivos positivos deben tener su fundamento en el trabajo y en la tarea particular; sin embargo, las relaciones humanas insisten sobre las relaciones entre las personas y sobre el "grupo no formal". Su punto de partida fue la psicología individual antes que un análisis del trabajador y del trabajo. Como resultado, supone que no tiene importancia la clase de trabajo que realice un hombre, puesto que es solamente su relación con sus semejantes lo que determina su actitud su conducta y su efectividad. (p.366)

De acuerdo con este planteamiento, es un soporte teórico viable, dado que, plantea que la gerencia ciertamente es una acción básica dentro del contexto de las organizaciones, pero a su vez la acción del talento humano marca la efectividad, no implica ejercer el control, sino también proyectar las creencias que insten a la comprensión de los principios, es decir, más allá de la inserción a través de pautas que solo estén enmarcadas en el trabajo mecánico, implica accionar la luz de la integración, de allí, realmente la productividad tendrá un sentido global.

Sobre este particular, un referente de envergadura es el texto sistemas sociales de Luchman (1998) quien refiere: "Un sistema que dispone de estructuras y procesos propios puede coordinar con estas formas del fortalecimiento de selección todos los elementos que produce y reproduce". (p.65) De allí, la envergadura, dado que, implica una reflexión interdisciplinaria desde la comprensión de la comunicación para la interacción en el entorno social. Visto que, Luchman precisamente vislumbra el sistema desde la relación con el entorno, a través de las acciones, operaciones y elementos, íntimamente relacionados., enmarcado en la comunicación que como acción humana permite el intercambio de información no por acciones, sino por la mera comunicación.

Por consiguiente, desde una postura interaccionista asumiendo la interpretación para la producción de significados de las acciones de los actores sociales, se visiona lo descrito a la luz de la fenomenología hermenéutica de Heidegger que implica profundizar en la ontología (ser) que implica el estudio del que es a través de la interpretación desde el punto de vista de la fenomenología en la mirada de Heidegger, dado que a diferencia de Husserl que plantea el centro desde lo epistemológico, lo vislumbra desde el centro ontológico en el conjunto de conocimientos que pueden ser establecidos a priori en cada orden del conocimiento, en el caso especifico de la investigación en curso se asume la fenomenología desde el mundo interpretativo como la asunción que permitirá mirar más allá del significado que emerge en la cotidianidad.

De acuerdo con esto, la postura interaccionista permitió destacar las actitudes y conductas para la comprensión del entorno, estudiando las necesidades (acciones, eventos, acontecimientos, creencias, valores, significados, sentidos, experiencias) que se conciben en la realidad organizacional como un proceso de construcción social) a través del descubrimiento de significados. Ahora bien, se concibe la hermenéutica dado que, por medio de la interpretación se develan los fenómenos y sus significados.

Seis desafíos de la gestión de redes en el contexto de la acción estratégica para la consolidación del estado comunal.

La gestión en las organizaciones desde la perspectiva de la acción estratégica comprende las acciones operativas y las relaciones interpersonales en torno a los objetivos para garantizar el funcionamiento óptimo en las instituciones, dado que, el éxito es posible a través de la gerencia y su efectividad, esto aunado al campo tecnológico genera nuevas formas inserción a través de la competitividad, aspecto inherente al mundo interconectado que permite en el desenvolvimiento idóneo la productividad y avances significativos en pro del beneficio de la organización, sus actores y miembros de una sociedad.

Conlleva a centrar, la reflexión para generar nuevos fundamentos centrados en red que implica desarrollar competencias eficaces capaces de alcanzar el intercambio de información a través actividades que permitan la actuación eficaz del talento humano en las organizaciones, dado que, por medio de la tecnología, relaciones interpersonales y disposición del talento humano a la utilización de las tecnologías en la gestión organizacional se alcanza constituir un contenido significativo desde el punto de vista del clima organizacional al abordar esferas desde la caracterización de un enfoque sistémico donde el todo es la suma de las partes e insta a través de la interconexión relacionar intereses, valores y preferencias de los actores que hacen vida en la organización como una forma prioritaria, visto que, centrado en una teoría no se vislumbra como una forma única y autónoma de conocimientos si una posible disciplina que propiciara la práctica como una unidad de aprendizaje simultaneo.

Por ello, se permite aseverar que las diferencias en las relaciones sociales establecidas en los contextos organizacionales comunitarios denominados consejos comunales están centradas, precisamente en la ausencia de visión compartida, puesto que, un sistema está compuesto por partes que forman una unidad compleja que con ciertos vínculos interdependientes influenciados por condiciones externas impulsan el logro de los objetivos, esto como premisa fundamental del deber ser. Pero, en el contexto del taller, y de acuerdo a planteamientos la realidad refleja que existe un adormecimiento de impulso autorganizativo, haciendo énfasis, en que el talento humano cuenta quizás con el conocimiento, sin embargo, el error está en la conducción y procesos de adaptación de acciones para encaminar los procesos. Al respecto se permiten señalar, seis desafíos de la gestión de redes en el contexto de la acción estratégica de la contraloría social comunitaria, en el ámbito de los consejos comunales:

Desafío uno de la acción estratégica para la consolidación del estado comunal: alcanzar la mayor suma de felicidad social centrada en el desarrollo idóneo de los miembros que hacen vida en los ámbitos públicos y comunitarios como una iniciativa de gestión que vislumbra el comportamiento organizacional como norte de acción para garantizar la transformación.

Desafío 2 de la acción estratégica para la consolidación del estado comunal: promover a través de la contraloría social comunitaria el aprovechamiento de los recursos para las satisfacción de necesidades en el contexto comunitario, estableciendo las prioridades de los miembros que hacen vida en los sectores.

Desafío 3 de la acción estratégica para la consolidación del estado comunal: considerar a los voceros como parte del elemento que garantizara el control y priorizara las necesidades, esto para proveer una voz determinante que provea el adecuado desenvolvimiento.

Desafío 4 de la acción estratégica para la consolidación del estado comunal: garantizar a través de la gerencia social el mayor cúmulo de participación por parte de los miembros comunitarios, para la adecuada gestión de servicios.

Desafío 5 de la acción estratégica para la consolidación del estado comunal: proyectar la gestión de redes como un mecanismo de monitoreo y gestión de servicios idóneo, a través de herramientas gerenciales centradas en el accionar estratégico para la coordinación y por ende, generación de redes interorganizacionales que garantizaran la macro y meso gestión en pro del beneficio del colectivo.

Desafío 6 de la acción estratégica para la consolidación del estado comunal: establecer el ejercicio de la gestión de redes en el contexto de la acción estratégica de la contraloría social comunitaria, en el ámbito de los consejos comunales.

De manera que, los planteamientos realizados instan a la aplicación de métodos sistemáticos entre los que se incluyen la presentación idónea de informaciones, debido que, brindan condiciones que promueven maneras innovadoras con un alcance adecuado de las oportunidades basado en los procesamientos de información necesarios para la interrelación en un contexto determinado.

HALLAZGOS OBTENIDOS

Dentro de este marco de ideas, en el ámbito de la gestión de redes sociales para la consolidación del estadio comunal es indispensable tener en cuenta ese carácter diferenciador, personalizado, socializador, vinculado con la vida, flexible, descentralizado y por supuesto con la aptitud de fomentar actitudes intelectuales y prácticas que engloba a la gestión centrada en el individuo elevando el papel protagónico en el entorno y en los procesos gerenciales para brindar igualdad de condiciones.

Por ello, es posible hacer referencia directa que el desarrollo del Estado comunal implica formarse y articularse en un proceso de transformación política, allí la gestión de redes se establece como norte en la monitorización del establecimiento de lo que se conoce como el camino transicional hacia el socialismo, en virtud que, es la concreción del ideario que aspira el poder en el pueblo para la plenitud colectiva, desde la garantía del ejercicio real tanto de los deberes como derechos, sobre las bases de planificación, organización y el control de elementos comunicacionales que garanticen una adecuada calidad de servicio en busca de mejorar la disponibilidad, rendimiento y efectividad de los sistemas.

CONCLUSIONES

Es pertinente, destacar la envergadura del ordenamiento jurídico Venezolano para emitir consideraciones finales de los argumentos planteados, asumiendo los postulados legales de la Ley Orgánica del Poder Popular como parte de los instrumentos legales que fundan el Estado Comunal, a su vez la Ley Orgánica de las Comunas, la Ley Orgánica de Contraloría Social, la Ley Orgánica del Sistema Económico Comunal y la Ley Orgánica de Planificación Pública y Popular, que establece que el propósito primordial parte de "… desarrollar y consolidar el Poder Popular, generando condiciones objetivas a través de los diversos medios de participación y organización establecidos en la Constitución de la República, en la ley y los que surjan de la iniciativa popular, para que los ciudadanos y ciudadanas ejerzan el pleno derecho a la soberanía, la democracia participativa, protagónica y corresponsable, así como a la constitución de formas de autogobierno comunitarias y comunales, para el ejercicio directo del poder por parte del pueblo en lo político, económico, social, cultural, ambiental, internacional, y en todo ámbito del desenvolvimiento y desarrollo de la sociedad, a través de sus diversas y disímiles formas de organización, que edifican el Estado comunal …"

De manera que, insta a promover en la sociedad el análisis de las relaciones sociales entre los individuos, económicas, políticas y educativas que instan a mantener la interrelación para alcanzar una construcción de una perspectiva propia de la acción estratégica en el contexto del desarrollo comunal, partiendo que el desarrollo del conocimiento en las comunidades es una tarea clave e indispensable para el reconocimiento de la diversidad y a su vez para el fortalecimiento del tejido social.

Justificación, Vinculación y Aportes

En el marco de la articulación a la luz del acompañamiento social, es indispensable destacar la importancia de promover la participación como garantía del desarrollo comunitario, desde esta perspectiva, se vincula el articulo con el estudio en curso, dado que, es precisamente a la luz de estas premisas que se alcanza el fortalecimiento social en los contextos sociales, visto como un mecanismo sostenible y sustentable que privilegia al capital social, tal y como plantea Klisberg es el individuo cómo talento el capaz de alcanzar la satisfacción de necesidades partiendo de un todo, centrado claro está, en la ejecución de acciones idóneas a través del dinamismo social y la reestructuración de tejidos sociales.

En este sentido, una de las afirmaciones más importantes del artículo como aporte a la investigación de índole doctoral, es la proyección de la interrelación a la luz del cumplimiento para el alcance del Estado comunal de lo planteado en los desafíos, visto desde la mirada del intercambio e interacción que alcanza la repercusión en la sociedad a través de circunstancias donde el talento humano pueda desarrollar cualidades de capacidad de adaptación, estrategia, innovación y flexibilidad para la reinvención en casos.

REFERENCIAS

Drucker, P. (1988). La gerencia de empresas. Traducción Luis Prats. Editorial EDHASA.

Ibarra, D. (2015). Habilidades y Competencias para la Gestión Pública. Fundación Escuela de Gerencia Social. Ministerio del Poder Popular para la Planificación. Duración: 16 horas.

Luchmann, N. (1998). Sistemas sociales. Lineamientos para una teoría general. Textos y temas ciencias sociales. Centro Editorial Javeriano. Pontificia Universidad Javeriana, santa Fé de Bogotá.

CON GRIN SU CONOCIMIENTOS VALEN MAS

- Publicamos su trabajo académico, tesis y tesina

- Su propio eBook y libro - en todos los comercios importantes del mundo

- Cada venta le sale rentable

Ahora suba en www.GRIN.com y publique gratis